자연 다큐 백과
돌고래

미국 하와이에 사는 큰돌고래예요.
이빨을 보이며 활짝 웃고 있는 것 같아요!

참돌고래가 무리 지어 물고기 떼를 몰고 있어요. 물고기들을 둥글게 모아서 한꺼번에 꿀꺽 삼키려고 하나 봐요.

NATIONAL GEOGRAPHIC KiDS

자연 다큐 백과
돌고래

엘리자베스 카니, 플립 니클린 지음 | 김아림 옮김 | 손호선 감수

차례

소개합니다! 6

❶ 돌고래의 세계　　　　8
돌고래가 뭐예요? 10
땅에 살던 돌고래는 어떻게 진화했을까요? 12
전 세계 바다 곳곳에서 돌고래를 만나요! 14
돌고래의 놀라운 능력들 16
생생한 자연 관찰 돌고래의 몸을 들여다보아요! 18

❷ 돌고래의 생활　　　　20
돌고래가 태어났어요! 22
옹기종기 모여 사는 돌고래 24
재잘재잘 돌고래의 대화법 26
돌고래는 뛰어난 물고기 사냥꾼이에요! 28
찰칵! 돌고래 사진전 돌고래를 만났어요! 30

❸ 돌고래가 사는 세상　　　　32
별난 돌고래 모두 모여라! 34
돌고래 연구하기 36
돌고래가 위험에 처했어요! 38
아쿠아리움에 사는 돌고래의 생활 40
돌고래 VS 사람 얼마나 닮았을까요? 42

❹ 재미있는 돌고래 정보　　　　44
언제나 인기 만점 돌고래! 46
장난꾸러기 돌고래와 같이 놀아요 48
나와 닮은 돌고래 찾기 50
사진 속 숨은 돌고래를 찾아보아요! 52
탐험가가 들려주는 뒷이야기 54

돌고래와 더불어 사는 법 56
도전! 돌고래 박사 퀴즈를 풀며 용어를 익혀요 60
찾아보기 62

첨벙! 오스트레일리아 시드니 근처 바다에서 참돌고래가 물 위로 뛰어오르고 있어요.

큰돌고래가 무리를 지어 청록색 바닷속을 헤엄치고 있어요.

소개합니다!

만약 여러분이 바다에서 태어났다면 어땠을까요?

여러분은 코와 입으로 공기를 들이마셔 폐로 호흡하는 포유류*예요. 아가미로 숨 쉬는 어류가 아니고요!

그럼 돌고래는 바다에 사니까 어류일까요? 아니에요. 돌고래는 물속 생활에 완벽하게 적응한 포유류예요. 유선형*의 몸통과 날렵한 지느러미로 수영 선수보다 7배 빠르게 헤엄치지요. 그리고 10분 넘게 숨을 참을 수 있고, 610미터 아래까지 잠수할 수 있답니다!

뿐만 아니라 돌고래는 물속에서도 친구들과 대화를 아주 잘해요.

사람들은 돌고래에 푹 빠져 있어요. 사람과 닮은 점이 많다고요. 과연 어떤 점이 비슷한 걸까요? 자, 숨을 깊이 들이마시고 돌고래가 사는 물속 세상으로 뛰어들어 보아요!

*포유류: 암컷이 새끼를 낳아 젖을 먹여 기르는 동물. 폐로 숨을 쉬고 체온이 일정하다.
*유선형: 앞부분이 둥글고 뒷부분이 뾰족한 모양.

탐험가 인터뷰

안녕하세요! 난 플립 니클린이에요. 물속 사진을 찍지요. 나는 5500번 넘게 파도를 헤치고 잠수하여 고래와 돌고래의 사진을 찍었어요. 마치 돌고래가 자기들의 세계로 나를 초대하는 것처럼 느껴지는 놀라운 만남도 몇 차례 있었어요. 내 인생에서 가장 기억에 남는 순간이었지요. 자, 이제부터 바닷속 멋진 돌고래와 함께했던 이야기를 들려줄게요. 준비됐나요?

1 돌고래의 세계

큰돌고래 한 마리가 바닷물 위로
머리를 쏙 내밀어 물보라를 일으켜요!

아마존강돌고래가 브라질 네그루강에서 첨벙 뛰어올라 분홍빛 몸을 드러내고 있어요.

돌고래가 뭐예요?

돌고래는 지느러미가 있고 평생 물속에서 살아가요.

물고기처럼요. 하지만 돌고래가 물고기와 비슷한 점은 이게 다예요. 돌고래는 어류인 물고기와 달리 포유류거든요. 물고기처럼 알을 낳지 않고, 사람처럼 새끼를 낳아 젖을 먹여 키우지요. 또 물의 온도에 상관없이 체온을 일정하게 유지해요. 돌고래에겐 아가미가 아닌 폐가 있어요. 그래서 주기적으로 수면 위로 올라와 머리 앞쪽에 난 구멍인 분기공으로 공기를 들이마셔야 하지요. 갓 태어났을 때는 턱에 약간의 털도 나 있어요.

돌고래는 포유류!
- 꼬리지느러미를 위아래로 움직여서 헤엄친다.
- 바깥 온도에 상관없이 체온을 일정하게 유지하는 정온 동물
- 폐로 호흡한다.

물고기는 아가미로 들어온 물에서 숨 쉴 때 필요한 산소를 얻어요.

피부와 털 대신 비늘이 있고, 대부분 알을 낳지요. 물의 온도에 따라 체온이 바뀐다는 점도 돌고래와 달라요. 돌고래와 물고기는 다른 방식으로 헤엄을 쳐요. 돌고래는 꼬리지느러미를 위아래로 움직이며 빠르게 헤엄치지만, 물고기는 꼬리지느러미를 양옆으로 퍼덕이면서 나아가지요. 어때요? 이제 돌고래를 보고 '물고기 같다'고 하는 일은 없겠지요?

물고기는 어류!
- 꼬리지느러미를 양옆으로 움직이며 헤엄친다.
- 바깥 온도에 따라 체온이 변하는 변온 동물
- 아가미로 호흡한다.

잠깐 상식! 돌고래는 새끼 때 난 이빨을 평생 사용해요.

땅에 살던 돌고래는 어떻게 진화했을까요?

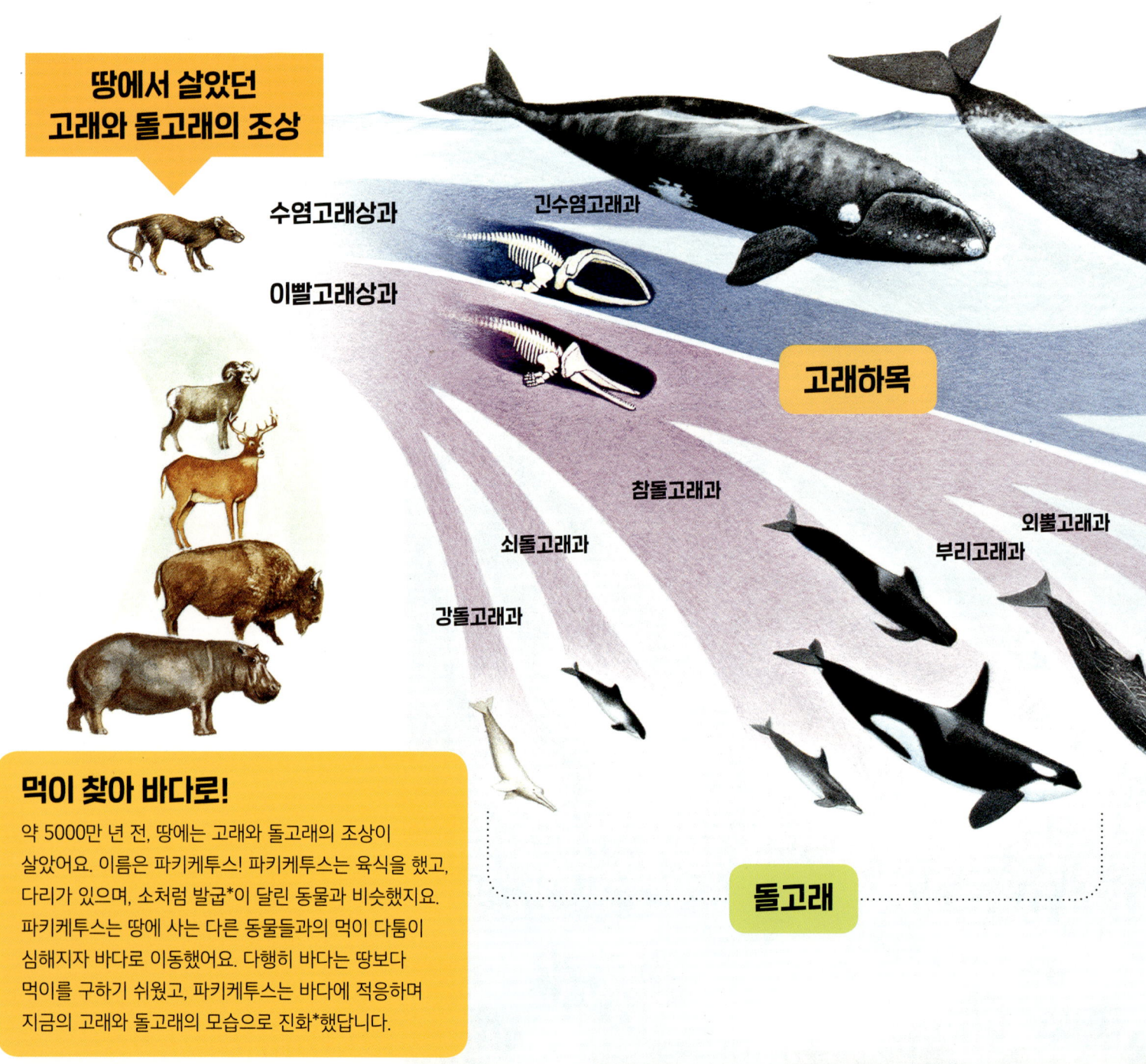

먹이 찾아 바다로!

약 5000만 년 전, 땅에는 고래와 돌고래의 조상이 살았어요. 이름은 파키케투스! 파키케투스는 육식을 했고, 다리가 있으며, 소처럼 발굽*이 달린 동물과 비슷했지요. 파키케투스는 땅에 사는 다른 동물들과의 먹이 다툼이 심해지자 바다로 이동했어요. 다행히 바다는 땅보다 먹이를 구하기 쉬웠고, 파키케투스는 바다에 적응하며 지금의 고래와 돌고래의 모습으로 진화*했답니다.

*발굽: 말이나 소 등의 발끝에 있는 크고 단단한 발톱.   *진화: 지구상의 생물들이 환경에 적응하면서 모습과 행동이 변해 가는 과정.

고래하목은 고래와 돌고래가 속한 포유류를 가리키는 말이에요.

고래하목에는 80종이 넘는 고래와 돌고래가 있지요. 고래하목의 조상은 먹이를 찾아 바다로 이동하면서 이빨이 있는 고래 무리인 '이빨고래상과'와 이빨이 없는 고래 무리인 '수염고래상과'로 진화했어요. 그런데 이빨이 없는 수염고래상과 고래들은 어떻게 먹이를 먹을까요? 걱정 말아요. 거름망 역할을 하는 수염판으로 엄청난 양의 먹이들을 걸러 먹으니까요. 수염고래상과에 속한 고래들은 덩치가 아주 크다는 특징도 있답니다. 한편 이빨고래상과는 참돌고래과, 강돌고래과, 쇠돌고래과 등으로 갈라져 진화했어요. 고래 대부분이 이빨고래상과에 속해요.

참고래과
귀신고래과
향고래과

고래

잠깐 상식! 대왕고래는 몸길이 최대 33미터로 지금까지 지구에 살았던 동물 중에 가장 커요.

고래와 돌고래 분류하기

고래와 돌고래는 보통 크기를 기준으로 나눠요. 몸길이가 4~5미터를 넘으면 고래, 넘지 않으면 돌고래로 구분하지요. 다만, 흑범고래나 범고래처럼 몸길이가 4~5미터를 훌쩍 넘어도 돌고래로 분류되는 종도 있어요. 모든 돌고래는 이빨고래상과에 속하고, 크게 강돌고래과와 참돌고래과, 쇠돌고래과로 분류해요. 강에 사는 강돌고래과는 짧은 등지느러미와 부채 모양의 가슴지느러미, 길고 가는 주둥이가 있어요. 몸길이는 2.5미터를 넘지 않지요. 참돌고래과는 우리가 바다에서 흔히 보는 돌고래로, 갈라진 모양의 꼬리지느러미가 있어요. 등지느러미는 없거나 모양이 다양하고, 몸의 빛깔과 무늬도 여러 가지예요. 쇠돌고래과는 머리가 둥글고 주둥이가 짧아요. 또 참돌고래과의 이빨이 뾰족한 원뿔 모양인 것과 달리 쇠돌고래과의 이빨은 더 둥그스름한 삽 모양이에요.

참돌고래과

쇠돌고래과

전 세계 바다 곳곳에서 돌고래를 만나요!

돌고래는 전 세계 모든 바다에서 발견돼요.

배를 타고 넓은 바다 위를 항해 중이라면 돌고래가 사는 곳을 지나치고 있을 가능성이 크지요. 돌고래 대부분은 적도* 근처의 따뜻한 물속에서 살아요. 몇몇 돌고래는 차가운 물을 더 좋아하지만요. 강에서 사는 돌고래도 있어요.

*적도: 남극과 북극의 가운데 있는 지구 표면의 점을 이은 선.

탐험가 인터뷰

나는 바하마의 유리처럼 맑고 푸른 바다부터 아르헨티나의 싸늘한 바다까지 전 세계 바다를 돌아다니며 돌고래 사진을 찍었어요. 브라질의 한 호수에서는 아마존강돌고래가 내 발뒤꿈치를 잘근잘근 물어뜯기도 했죠. 나는 결코 돌고래를 뒤쫓거나 방해하지 않아요. 돌고래를 존중하는 관찰자가 되려고 애쓴답니다. 그래도 가끔 돌고래가 내 카메라에 다가와 호기심을 보일 때면 함께 놀지요!

아시아

태평양

덩치가 아주 큰 **범고래**는 전 세계 바다에서 살아요. 보통 일 년 내내 같은 곳에 머물지만, 먹이를 찾아 다른 곳으로 이동하기도 해요.

흑범고래는 대서양, 태평양, 인도양의 따뜻한 바다에서 살아요. 다른 돌고래와 달리 깊은 바닷속을 좋아하지요.

오세아니아

몸집이 작은 **헥터돌고래**는 뉴질랜드 해안에서 살아요. 보통은 바닷가 가까이에 있지만, 가끔 깊은 바닷속으로 들어가요.

기후에 따른 바다의 구분

- 극지방* 바다
- 온대* 바다
- 열대* 및 아열대* 바다

*극지방: 남극과 북극의 주변 지역.
*온대: 한 해 평균 기온이 0~20도인 지역. 기후가 쾌적하다.
*열대: 적도 근처의 기온이 높고 비가 많이 내리는 지역.
*아열대: 열대와 온대의 중간 지대. 가끔 서리가 내리지만 겨울에는 따뜻하고, 여름에는 덥다.

북극해

똑똑하고 사회성*이 좋은 **대서양점박이돌고래**는 대서양의 따뜻한 바다에서 살아요. 얕은 바닷가의 모래 바닥 위에서 많은 시간을 보내지요.

*사회성: 집단으로 모여 질서를 유지하며 살아가려는 특성.

유럽

북아메리카

아프리카

대서양

남아메리카

이라와디돌고래는 동남아시아의 바닷가를 따라 헤엄쳐요. 강물이 바다로 흘러가는 곳의 진흙 섞인 물을 좋아하지요.

더스키돌고래는 남아메리카, 남아프리카, 뉴질랜드의 바닷가 근처에서 지내요. 헤엄을 잘 쳐서 먹이를 찾아 깊은 바닷속으로 들어가기도 해요.

아마존강돌고래는 대부분 남아메리카의 아마존강과 오리노코강에 살아요. 종종 호수나 폭포 밑에서도 발견된답니다!

인도양

인도양과 태평양에서 사는 **인도태평양혹등돌고래**는 따뜻한 열대 바닷가 근처를 헤엄치곤 해요. 만*이나 산호초, 거대한 해초 숲 근처에서도 볼 수 있어요.

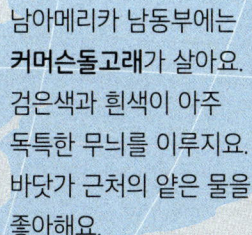

남아메리카 남동부에는 **커머슨돌고래**가 살아요. 검은색과 흰색이 아주 독특한 무늬를 이루지요. 바닷가 근처의 얕은 물을 좋아해요.

*만: 바다가 육지 속으로 파고들어 와 있는 곳.

남극

잠깐 상식! 아마존강돌고래는 홍수 때문에 잠긴 숲을 헤치며 헤엄치기도 해요.

먹이 찾아 초음파 발사!

대서양점박이돌고래

돌고래는 물속에서 먹잇감을 쉽게 사냥하는 아주 특별한 능력이 있어요. 바로 '반향정위'라는 기술이에요.

만약 가까이에 맛 좋은 물고기가 헤엄치고, 조개 같은 먹잇감이 모래에 파묻혀 있다면 돌고래는 어떻게 할까요?

이마 속 '멜론'이라는 기관을 통해 초음파를 내보내요! 그러면 초음파는 물체에 튕겨 다시 돌고래에게 돌아오는데요.

돌고래는 이 신호로 먹잇감의 크기와 위치를 정확히 알아내 사냥해요. 어때요? 정말 특별한 능력이죠?

돌고래의 놀라운 능력들

돌고래는 바닷속에서 잘 살아갈 수 있도록 진화했어요.

우선 몸통이 매끄럽고 털이 없어서 쉽게 물속을 가르며 빠르게 헤엄칠 수 있어요. 피부 아래 지방층* 덕분에 차가운 물속에서도 따뜻하게 체온을 유지할 수 있고요. 또 머리 앞쪽에 분기공이 있어서 물 밖으로 머리를 빼꼼 내밀기만 해도 공기를 들이마시고 내쉴 수 있답니다. 아가미가 없어도 물속에서 살 수 있는 거죠.

그런데 자주 물 위로 올라가 숨을 쉬어야 하는 돌고래는 어떻게 마음 놓고 푹 잘 수 있을까요? 사실 돌고래는 한 번에 뇌의 절반만 잠이 들어요! 뇌의 절반이 자는 동안, 다른 절반은 깨어 있기 때문에 숨을 쉬러 물 위로 올라갈 수 있지요. 게다가 돌고래의 한쪽 눈은 계속해서 천적*인 상어가 오지 않는지 조심스레 망을 본답니다.

*지방층: 생물의 피부밑에 있는 지방으로 된 층.
*천적: 잡아먹는 동물을 잡아먹히는 동물에 상대하여 이르는 말.

돌고래는 하루에 약 8시간 동안 잠들어 있지만 양쪽 뇌가 번갈아 잠을 자기 때문에 완전히 잠드는 건 아니에요.

돌고래가 헤엄치는 법

돌고래는 꼬리지느러미를 위아래로 움직이며 앞으로 나아가요. 위 사진을 보세요! 꼬리지느러미가 위로 올라가면 몸통의 한가운데는 아래로 내려가요. 반대로 꼬리지느러미가 아래로 내려가면 몸통의 한가운데는 활처럼 구부러지지요. 그래서 헤엄칠 때 돌고래의 몸통은 파도처럼 출렁출렁거린답니다.

잠깐 상식! 돌고래는 배가 나아갈 때 앞머리에 생기는 파도를 타기도 해요. 그러면 물속에서보다 빠르게 헤엄칠 수 있지요.

생생한 자연 관찰
돌고래의 몸을 들여다보아요!

돌고래의 몸은 물속에서 생활하는 데 알맞아요.

바닷속을 빠르게 움직이며 먹이를 사냥하는 기술도 갖고 있지요. 돌고래의 몸을 구석구석 살펴보며 돌고래가 물속 생활을 잘하는 비결을 알아보아요!

등지느러미
물속에서 균형 잡는 일을 해요. 등지느러미의 높이는 무척 다양해요. 이를테면 범고래는 최대 1.8미터나 되지만, 어떤 돌고래는 혹처럼 작아요.

꼬리지느러미
돌고래가 물을 가르며 앞으로 힘차게 나아가도록 해 주어요.

피부
부드럽고 매끄러워서 물속을 헤엄칠 때 저항을 덜 받아요. 돌고래가 바닷속에서 빠르게 헤엄치는 비결이에요.

잠깐 상식! 큰돌고래는 2시간마다 피부 각질*이 벗겨져요.

*각질: 피부, 머리카락, 손톱 등을 구성하며, 피부 맨 바깥층에서 늙은 세포가 죽어 떨어져 나갈 때 생기는 것.

분기공
머리 앞쪽에 난 구멍으로, 숨 쉴 때 필요해요. 돌고래가 숨을 들이마시고 내쉬는 데는 1초도 걸리지 않아요. 돌고래가 숨을 내쉴 때 분기공에서 공기가 빠져나오는 속도는 시속* 160킬로미터로 아주 빠르답니다.

멜론
이마 속에 있는 둥그스름한 지방 덩어리예요. 장애물이나 먹이의 위치 등을 파악하기 위해 돌고래가 내보내는 초음파를 조절하는 일을 해요.

주둥이
대부분 새의 부리처럼 길게 튀어나와 있어요.

낫돌고래

이빨
먹잇감을 꽉 물 때 필요해요. 대부분 원뿔 모양으로 매우 날카로워요.

귓구멍
피부에 덮여 있어서 눈에 잘 띄지 않아요. 하지만 돌고래는 청각이 뛰어나서 소리를 아주 잘 들어요.

가슴지느러미
헤엄을 시작하거나, 멈추거나, 방향을 틀 때 이용해요. 배의 방향을 조종하는 장치와 비슷하지요.

눈
왼쪽, 오른쪽 눈을 따로 움직일 수 있어요. 예를 들어 한쪽 눈은 앞을 보고, 다른 한쪽 눈은 머리 위를 바라볼 수 있는 거예요.

*시속: 한 시간 동안 움직인 거리.

2 돌고래의 생활

큰돌고래가 해 질 녘 바다 위로 점프하고 있네요. 돌고래는 물고기 떼를 자세히 살피거나 다른 돌고래가 헤엄치는 방향을 알기 위해서, 가끔은 그냥 재미로 물 밖으로 뛰어올라요!

돌고래가 태어났어요!

어미 돌고래는 헤엄치면서 새끼를 낳아요.

그래야 상어가 나타났을 때 바로 도망칠 수 있거든요. 새끼 돌고래는 태어나자마자 헤엄칠 수 있어요. 어미는 꼬리지느러미를 힘차게 흔들며 수영하는 새끼를 물 위로 부드럽게 밀어 올려 첫 숨을 들이마시게 하지요. 또 어미는 새끼를 보다 안전하게 지키기 위해 다른 돌고래들과 함께 지낸답니다.

돌고래는 태어난 뒤 1년 동안 어미젖을 먹으며 자라요. 그리고 어미 곁에서 3~6년 정도를 머무르며 사냥하는 법과 다른 돌고래들과 어울리는 법을 배워요.

꼬리지느러미부터 쑤욱!

돌고래는 태어날 때 보통 꼬리지느러미부터 어미 몸에서 빠져나와요. 가끔 다른 돌고래가 새끼 낳는 걸 돕기도 해요.

탐험가 이야기

넓은 바다에서 새끼 돌고래들이 살아남으려면 배울 게 많아요. 한번은 미국 알래스카에서 새끼 범고래에게 물고기 사냥을 가르치는 어미 범고래를 본 적 있어요. 어미가 먼저 연어를 뒤쫓아가 가까이에 두고 새끼가 잡을 수 있게 도와주었지요. 언젠가 새끼가 스스로 살아갈 수 있도록 가르치는 거랍니다.

어미젖을 냠냠!

새끼 돌고래는 1시간에 4번씩 어미젖을 먹어요. 한 번 먹을 때 5~10초 정도 걸리지요. 먹이를 사냥하는 법을 배우기 전까지는 어미젖만 먹어요.

엄마 옆이 너무 좋아!
갓 태어난 새끼 돌고래는 어미 몸에 바싹 붙어서 떨어지지 않아요.

잠깐 상식! 막 태어난 새끼 돌고래의 지느러미는 흐물흐물 부드러워요. 시간이 지나면 점점 단단해진답니다.

커머슨돌고래는 4~8마리가 무리를 이루어 살아요.

옹기종기 모여 사는 돌고래

돌고래는 무리를 지어 다녀요.

적이 나타났을 때 살아남을 가능성을 높이고 친구들과 함께 지내기 위해서예요. 한 무리를 이루는 돌고래의 수는 2마리부터 많게는 15마리도 넘을 만큼 다양해요.

무리에서 몇몇 돌고래는 주변에 천적처럼 위험한 존재가 있는지 살펴요. 나머지는 새끼 돌고래를 보살피고요. 가끔은 서로 즐겁게 어울리기도 하지요.

돌고래도 사람처럼 특별히 좋아하는 친구가 있어요. 하지만 언제나 서로 잘 지내는 건 아니에요. 짝짓기 상대인 암컷을 두고 수컷끼리 경쟁할 때나, 누가 우두머리가 될지 가려야 할 때 서로를 공격하기도 하지요. 이때 수컷들은 꼬리지느러미로 상대를 힘껏 후려치거나 입을 벌려 겁을 주어요. 아예 이빨로 꽉 물어 버릴 때도 있고요.

과학자들은 무리 속 돌고래들의 관계가 위험천만한 바닷속에서 살아남는 데 얼마나 중요한지에 대해 열심히 연구하고 있어요. 최근 암컷 돌고래가 새끼를 잘 키운 다른 어미들과 친하게 지내면 자기 새끼를 잘 기를 가능성이 높아진다는 연구도 있었지요. 어쩌면 어미 돌고래들은 서로 육아* 정보를 나누고 있을지도 모르겠네요.

많은 돌고래가 무리 지어 다니지만 몇몇은 그렇지 않아요. 아마존강돌고래는 혼자 살지요.

잠깐 상식! 가끔 여러 돌고래 무리가 모여 최대 1000여 마리의 큰 무리를 이루기도 해요.

*육아: 어린아이를 기름.

재잘재잘 돌고래의 대화법

돌고래는 찍찍, 휘익휘익, 끽끽, 딱딱 등 독특한 소리를 내며 대화해요. 같은 소리를 연달아 내거나, 가끔 여러 소리들을 섞어서 쓰기도 하지요. 이 소리들은 각각의 상황에 맞는 전혀 다른 뜻을 가지고 있어요.

돌고래는 자기만의 휘파람 소리를 내서 이름처럼 쓰기도 해요! 보통 첫 번째 생일에 특별한 휘파람 소리로 '이름'을 만들지요. 이 이름을 최소 10년 넘게 바꾸지 않고 쓴답니다.

노는 게 제일 좋아!
돌고래의 언어를 모른다고 해도 사진 속 큰돌고래들이 재미있게 노는 중이라는 건 느낄 수 있어요. 돌고래는 물속에서 공기 방울을 만들거나, 공기 방울로 큰 고리를 만들어 그 속으로 뛰어드는 놀이를 좋아해요.

잠깐 상식! 돌고래는 물속에서 입을 움직이지 않고 소리를 낼 수 있어요.

돌고래 두 마리가 주둥이를 맞대고 대화하는 중이에요. 무슨 이야기를 하고 있는 걸까요?

몸짓으로 대화해요

사람들은 하이파이브*를 할 때 손을 들어 올리고, 껴안으려고 팔을 벌리며, 화가 났을 때 팔짱을 끼지요. 그래서 사람들은 상대방의 몸짓만 보고도 무엇을 말하고 싶어 하는지 알기도 해요. 사람처럼 돌고래도 몸짓이나 자세로 하고 싶은 말을 전달해요. 그 의미가 상황에 따라 달라지는 것도 사람과 비슷하지요. 이를테면 사람이 손을 흔드는 동작이 만남의 인사일 수도 있지만, 헤어질 때 하는 인사일 수도 있는 것처럼요.

*하이파이브: 승리나 성공의 기쁨을 표현하기 위해 두 사람이 손을 들어 올려 손바닥을 마주치는 일.

돌고래는 뛰어난 물고기 사냥꾼이에요!

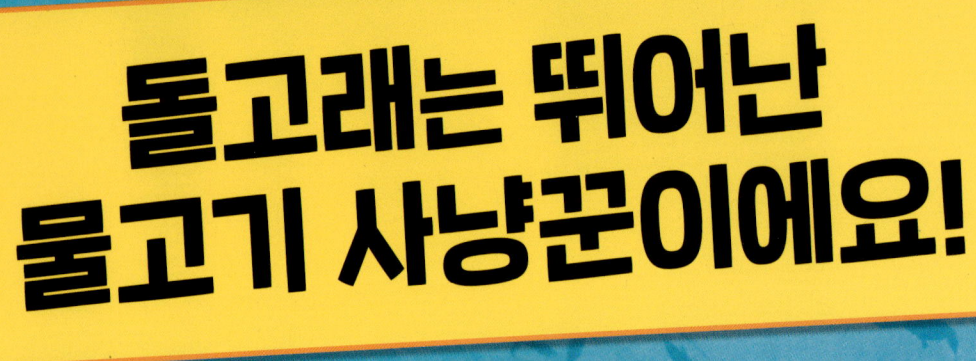

돌고래는 육식 동물이에요.

대부분은 물고기를 먹지요. 돌고래는 몸집이 크고 움직임이 많기 때문에 하루에 보통 9~23킬로그램의 먹이를 먹어야 해요. 그래서 많은 돌고래가 자기만의 독특한 사냥 기술이 있답니다.
더스키돌고래는 물 위로 높이 뛰어올라 바닷새를 찾아요. 바닷새가 있는 곳에 먹잇감도 있거든요. 점박이돌고래는 물고기 떼를

잠깐 상식! 몇몇 돌고래는 물고기를 빨리 쫓아가기 위해 공중으로 뛰어올라요. 물속보다 공기 중에서 더 빠르게 이동할 수 있거든요.

돌고래는 무엇을 먹나요?

바다에 사는 돌고래는 대부분 바다 생물을 먹어요. 하지만 돌고래마다 좋아하는 먹이는 다르답니다. 주로 사는 곳에서 구할 수 있는 먹잇감을 잡아먹지요. 각 돌고래들이 무엇을 먹고 사는지 한번 볼까요?

큰돌고래
대서양과 태평양에 살면서 고등어나 숭어처럼 작은 무리를 이루며 다니는 물고기를 좋아해요. 새우나 장어, 게도 즐겨 먹지요.

낫돌고래
태평양을 헤엄치며 연어, 대구, 멸치, 오징어, 청어를 먹어요.

헥터돌고래
바다 밑바닥 주변을 이리저리 돌아다니며 도다리, 대구, 새우, 게를 잡아먹어요.

범고래
힘이 세서 바다사자, 상어, 다른 고래 등 커다란 먹잇감에게 덤벼들어요. 사슴 같은 큰 육지 동물을 공격해서 잡아먹기도 한답니다!

코스타리카의 바닷가 근처에 사는 돌고래와 참치는 모두 조그만 물고기 떼를 먹잇감으로 삼아요. 공 모양으로 몰아요. 그러면 한꺼번에 잡기 쉬워지지요. 큰돌고래는 꼬리지느러미로 얕은 바닷속 밑바닥을 팡팡 쳐서 흙탕물 고리를 만들어요. 그런 다음 흙탕물 속에서 우왕좌왕하는 물고기를 잡는답니다. 어때요? 돌고래들의 사냥 기술은 정말 다양하지요!

찰칵! 돌고래 사진전
돌고래를 만났어요!

펄돌고래가 배가 지나가면서 일어난 파도를 타고 있어요.

돌고래는 수영 솜씨를 뽐내는 걸 정말 좋아해요.

인도태평양혹등돌고래가 이빨을 드러내며 웃는 것 같아요.

돌고래마다 생김새나 덩치, 몸 색깔이 다양해요.

하지만 어디서 살든, 어떻게 생겼든 바닷속에서 즐겁게 노는 건 똑같아요!

큰돌고래와 큰머리돌고래가 친구가 되었어요.

덩치가 작은 헥터돌고래들이 뉴질랜드 바닷가 근처에서 무리를 지어 헤엄치고 있어요.

3 돌고래가 사는 세상

용감한 범고래는 넓은 바다를 주름잡는 대장이에요. 과학자들은 범고래가 백상아리를 게걸스럽게 잡아먹는 모습을 관찰한 적도 있답니다!

별난 돌고래 모두 모여라!

전 세계 바다에는 약 50여 종의 돌고래가 살고 있어요.

돌고래는 종마다 생김새가 달라요. 몇몇 종들은 정말로 별나게 생겼답니다! 어떤 돌고래는 주둥이가 엄청나게 길지만, 어떤 돌고래는 굉장히 짧아요. 또 어떤 돌고래는 하도 자주 싸워서 몸이 상처투성이지요. 그중 유난히 독특하게 생긴 몇몇 돌고래들을 만나 볼까요?

범고래
덩치가 어마어마하게 크다고 해서 깜박 속아 넘어가면 안 돼요! 고래가 아닌 돌고래랍니다.

이라와디돌고래
머리가 둥글고 주둥이가 짧아요. 물줄기를 찍 쏘아서 물고기를 몰아 잽싸게 잡아먹어요.

들고양이고래
몸이 전체적으로 검은색을 띠지만, 배와 입술 부분은 흰색이에요. 덩치가 훨씬 큰 범고래와 닮았어요.

헥터돌고래
몸길이가 1.2~1.5미터 정도로 범고래의 등지느러미보다 작아요. 가장 희귀한 돌고래 중 하나예요.

고추돌고래
돌고래 중 유일하게 등지느러미가 없어요. 가슴지느러미와 꼬리지느러미도 유난히 작지요. 사회성이 좋아서 100~200마리 정도가 큰 무리를 지어 살아요.

큰머리돌고래
태어날 땐 피부가 어두운색이지만 나이가 들수록 회색으로 변해요. 마치 머리가 하얗게 세는 노인처럼요. 다른 돌고래와 싸우면서 생긴 상처가 몸통에 잔뜩 남아 있기도 해요.

모래시계돌고래
몸통의 흰색 줄무늬가 스컹크의 줄무늬랑 비슷해서 '스컹크돌고래'라고도 불려요. 지독한 냄새가 나서 생긴 별명은 절대 아니랍니다!

아마존강돌고래
등 쪽은 푸른빛이 도는 회색, 배 쪽은 분홍빛을 띠어요. 다 자란 수컷은 다른 돌고래와 싸우다 생긴 흉터 때문에 몸이 더 분홍빛을 띠어요.

잠깐 상식! 돌고래는 위가 2개랍니다! 하나는 음식물을 저장하는 데 쓰고, 다른 하나는 음식물을 소화하는 데 사용해요.

돌고래 연구하기

돌고래를 만나는 건 어려워요.

과학자 제인 구달은 침팬지를 연구하기 위해 탄자니아의 숲속에서 40년 동안 머물렀어요. 하지만 돌고래는 바다에서 살기 때문에 과학자들은 물속에 들어가 돌고래를 잠깐 관찰하고 다시 육지로 돌아와야 하지요. 또 바다는 너무 넓어서 돌고래를 찾는 것 자체가 어렵답니다. 그래도 운이 좋으면 돌고래가 과학자 앞에 나타나기도 해요. 달리는 배의 앞머리에 이는 파도를 타러 오기도 하고, 어부를 도와 물고기를 그물로 몰기도 하지요. 배 가까이에서 멋지게 물 위로 뛰어올라 재주를 부리기도 하고요. 어쩌면 사람과 돌고래 모두 서로에게 호기심을 느끼는 게 아닐까요?

탐험가 인터뷰

여러분도 돌고래를 만나고 싶나요? 가장 쉬운 방법은 아쿠아리움에 가는 거예요! 혹은 돌고래 관찰 투어에 참여해 바다에 사는 돌고래를 살짝 엿볼 수도 있답니다. 단, 바다에 사는 돌고래를 만날 때에는 항상 조심해야 해요. 돌고래 역시 야생 동물이기 때문에 예상하지 못한 행동을 하거나 공격성을 보일 수 있기 때문이에요. 그래서 나는 사진을 찍을 때 돌고래와 충분히 거리를 둔답니다.

사람들이 멀리서 헤엄치는 돌고래를 관찰하고 있어요.

돌고래 연구에 필요한 장비

마스크
바닷물이 눈이나 코로 들어오는 걸 막아 줘요. 마스크를 쓰면 물속에서도 눈을 뜰 수 있지요.

스노클
물속에서 숨을 쉴 수 있게 해 줘요. 플라스틱 관 한쪽 끝을 입에 물고 호흡하면 돼요.

잠수복
차가운 바닷속으로 잠수할 때 입는 옷이에요.

수중 카메라와 녹음기
돌고래의 모습이나 돌고래가 내는 소리를 기록하는 장비예요.

오리발
빠르게 헤엄치는 돌고래를 따라가기 위해 신어요. 길고 넓적한 오리의 발처럼 생겼어요.

잠깐 상식! 큰돌고래는 30년 가까이 살아요. 범고래는 80년까지 살기도 하지요!

돌고래가 위험에 처했어요!

물고기를 잡는 그물에 걸린 새끼 돌고래예요. 그물에서 빠져나오려고 안간힘을 쓰느라 온몸에 상처를 입었어요.

20년 전, 많은 돌고래가 참치 잡는 그물에 걸려 죽고 말았어요.

태평양 동부에서 참치와 함께 헤엄치던 돌고래 중 절반이 훨씬 넘는 수가 참치 잡는 그물에 걸려 목숨을 잃기도 했지요. 어부들은 돌고래를 보면 참치 떼도 함께 있다고 생각해 그물을 펼쳤어요. 하지만 정작 그물 안에는 참치보다 돌고래가 더 많이 잡힌 경우도 있었지요.

결국 1990년대 초반, 참치를 잡을 때 돌고래가 희생되는 것을 막기 위해 '돌고래 보호법'이라고 부르는 규정이 생겼어요. 어부들은 돌고래가 걸려들어도 쉽게 빠져나갈 수 있는 그물을 사용해야 했지요. 그 결과 참치 때문에 목숨을 잃는 돌고래의 수가 크게 줄어들었답니다.

잠깐 상식! 돌고래는 보통 40~60개의 이빨이 있어요. 하지만 몇몇 돌고래는 이빨이 250개나 있답니다.

미국의 모든 참치 캔에는 돌고래에게 안전한 방법으로 참치를 잡았다는 표시가 있어요.

멕시코만에 흘러나온 원유*를 태우는 모습이에요. 원유가 바다로 퍼져 나가지 않게 하기 위해서지요.

*원유: 땅속에서 뽑아낸 그대로의 기름.

환경 오염 때문에 목숨을 잃어요

요즘에는 석유나 천연가스를 얻기 위해 뚫은 구멍에서 나온 독성 물질이나 강에서 바다로 흘러온 화학 물질 때문에 돌고래가 병들어요. 2010년에는 멕시코만에서 원유가 바다로 흘러 들어가는 사고가 일어났는데, 그다음 해 엄청난 수의 큰돌고래가 죽은 채 모래사장으로 떠밀려 왔지요. 바다를 깨끗하게 하는 일이 돌고래를 안전하게 지키는 방법이라는 걸 꼭 기억하세요!

아쿠아리움에 사는 돌고래의 생활

아쿠아리움에 사는 돌고래는 관객들을 위해 놀라운 묘기를 선보여요.
돌고래 훈련사가 손으로 신호를 보내거나 호루라기를 불면, 돌고래는 고리를 통과하거나 꼬리지느러미로 물 위를 걷는 것처럼 움직이고, 빙글 돌아 뛰어오르며 자기 능력을 실컷 뽐내지요. 훈련사와 돌고래가 매일 훈련한 덕분이에요. 뿐만 아니라 훈련사는 돌고래가 다친 곳이 있는지, 이빨이 상하지 않았는지 등을 살피기 위해 몸을 뒤집거나 입을 크게 벌리는 동작들도 알려 주어요.

훈련사들은 돌고래가 새로운 행동을 배우는 걸 좋아한다고 말해요. 과학자들은 돌고래가 침팬지나 코끼리만큼 영리하다고 생각하지요. 실제로 돌고래의 지능은 4세 아이와 비슷한 수준이라는 연구 결과가 있답니다.

돌고래를 훈련하는 방법

훈련사는 돌고래가 원하는 행동을 했을 때 보상*을 주면서 돌고래를 훈련시켜요. 돌고래에게 주는 가장 흔한 보상은 먹이예요. 보통 맛 좋은 생선을 주지요. 쓰다듬어서 마음을 안정시키거나 물을 쏘아 주고 장난감을 건네기도 해요. 보상은 돌고래가 행동한 다음에 바로 주는 게 좋아요.

*보상: 어떤 행동을 하게 하려고 사람이나 동물에게 주는 물질이나 칭찬.

아쿠아리움에 대한 논쟁

돌고래가 아쿠아리움의 수족관에서 사는 게 옳지 않다고 생각하는 사람들도 있어요. 돌고래가 사는 물속 환경을 수족관 안에 똑같이 만드는 것은 불가능하기 때문이에요. 게다가 바다와 달리 다른 돌고래들과 충분히 의사소통을 나누지 못하고 운동량도 부족해지기 때문에 돌고래를 수족관에 가두는 건 안 된다고 주장하지요. 여러분은 어떻게 생각하나요?

아쿠아리움의 돌고래 쇼는 한순간도 지루할 틈이 없어요. 돌고래들이 쉬지 않고 첨벙거리니까요.

잠깐 상식! 2010년부터 2020년까지 10년 동안 우리나라 9개의 아쿠아리움에서 살던 61마리의 돌고래 중 30마리가 병들어 죽고 말았어요.

돌고래 vs 사람 얼마나 닮았을까요?

스마트 기기 다루기

여러분은 물에 사는 돌고래와 전혀 다를까요?

여러분이 생각하는 것보다 사람과 돌고래는 닮은 점이 많아요! 어떤 점이 닮았는지 알아볼까요?

돌고래가 태블릿 피시를 이용해 훈련사와 훈련하고 있어요. 사람들도 스마트 기기로 친구 혹은 가족과 소통하지요.

태블릿 피시는 사람과 돌고래가 좀 더 쉽게 의사소통을 하기 위해 사용되기도 해요. 물론 꼭 방수*가 되어야겠죠!

*방수: 물이 새거나 흘러드는 것을 막음.

해산물 즐겨 먹기

돌고래는 먹이인 바다 생물을 한입에 집어삼켜요. 사람들도 싱싱한 해산물을 좋아해요. 물론 먹기 좋은 크기로 잘라 먹겠지만요.

이름 지어 부르기

사람은 각자 이름이 있어요. 돌고래도 자기만의 휘파람 소리를 내서 이름으로 삼지요. 다른 돌고래를 만나면 휘파람 소리로 자기를 알려요.

가족, 친구와 함께 지내기

돌고래들은 가족이나 친구와 꼭 붙어 있어요. 많은 사람들이 사랑하는 가족이나 친구와 함께 지내는 것처럼요.

장난감 가지고 놀기

돌고래와 사람 모두 주변의 물건을 장난감 삼아 가지고 놀아요. 물론 사람이 좀 더 규칙이 복잡하거나 상상력이 필요한 놀이를 하지요.

4 재미있는 돌고래 정보

큰돌고래가 수영장에서 놀고 있어요.
영리하고 호기심 많은 돌고래는
어디서든 재미나게 놀아요.

언제나 인기 만점 돌고래!

돌고래는 수천 년 동안 사람들의 관심을 받았어요.
고대 그리스 사람들은 배 주변에서 물결을 타고 노는 돌고래가 보이면 무사히 항해가 끝날 징조*라고 생각했어요. 아메리카 원주민 하이다족의 전설에는 범고래가 사람처럼 무리를 이루고 살아가는 힘센 동물로 등장하지요.
오늘날 사람들은 돌고래가 즐거움을 주고, 친구이기도 하며, 공부해야 할 동물이라고 생각해요. 많은 인기를 얻은 텔레비전 드라마 「플리퍼」와 영화 「프리 윌리」에서 돌고래는 사람과 친구가 되는 주인공으로 등장해요. 여러 아쿠아리움이나 동물원에서는 관객들에게 돌고래 쇼를 선보이지요. 돌고래가 사람들 앞에서 잽싸게 움직이는 등 묘기를 펼치고 영리함을 뽐내는 거예요. 전 세계의 과학자들은 바닷속에서 찍은 영상을 보며 돌고래의 지능과 사회성을 연구해요. 미국 군대의 한 부대에서는 돌고래에게 추적 장치를 달아 물속의 폭발물을 찾는 일을 맡기기도 했답니다!

*징조: 어떤 일이 일어날 분위기.

돌고래 요원, 출동!
큰돌고래가 가슴지느러미에 폭발물 추적 장치를 달고 있어요.

아메리카 원주민이 나무에 새긴 범고래예요.

영화 「프리 윌리」에서 돌고래 윌리는 주인공 제시와 친구가 되어요.

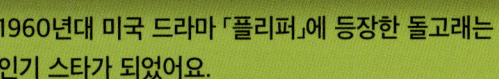

1960년대 미국 드라마 「플리퍼」에 등장한 돌고래는 인기 스타가 되었어요.

고대 그리스 궁전에 있는 돌고래 벽화예요.

고대 그리스 신화에서 바다의 신인 포세이돈은 종종 돌고래와 함께 나타나요.

밤하늘의 돌고래

먼 옛날 밤하늘을 관찰하던 사람들은 북쪽 하늘의 한 작은 별자리가 물 위로 뛰어오르는 돌고래와 닮았다고 여겼어요. 그래서 이 별자리를 돌고래자리라고 불렀지요. 늦여름부터 가을 밤하늘에서 볼 수 있어요.

돌고래 모빌 만들기

아래 설명을 읽고 따라 해 보세요. 빙글빙글 멋진 돌고래 모빌이 완성될 거예요.

준비물

- 길이 30센티미터 이상의 막대기나 나뭇가지 2개
- 색깔 있는 테이프
- A4 용지 여러 장
- 연필, 크레파스 등 색칠 도구
- 가위, 스테이플러
- 작은 솜뭉치
- 실과 리본

❶ 2개의 막대기를 십자 모양으로 겹친 다음 겹친 부분을 테이프로 붙여요.

❷ 준비한 종이에 돌고래를 크게 그려요. 그리고 다른 종이에 같은 돌고래를 좌우로 뒤집어 그려요.

❸ 돌고래를 색칠한 뒤 오려요.

❹ 두 돌고래를 색칠하지 않은 면끼리 맞대고 아래쪽만 스테이플러로 찍어서 주머니처럼 만들어요.

❺ 돌고래 주머니 안을 솜으로 채우고 위쪽을 스테이플러로 마저 찍어요.

❻ ❷~❺의 방법으로 여러 마리의 돌고래를 만들어요.

❼ 다 만든 돌고래 위쪽에 스테이플러로 끈을 고정시켜요. 끈 길이는 각각 다르게 해요.

❽ 돌고래가 달린 끈을 ❶에서 만든 십자 모양 막대기에 묶고 테이프로 고정시켜요.

❾ 십자 막대기 한가운데에 끈을 달면 돌고래 모빌 완성!

장난꾸러기 돌고래와 같이 놀아요

돌고래는 신나게 노는 걸 좋아해요.

바다에 둥둥 떠다니는 물체라면 무엇이든 장난감으로 삼아 몇 시간씩 갖고 놀지요. 이를테면 바다에 떠다니는 해초를 몸에 두르기도 하고, 위로 던졌다가 잡기도 해요. 코코넛을 가지고 놀기도 하지요. 물론 돌고래들은 장난감이 없어도 재미있게 놀아요. 서로 잡기 놀이를 하거나, 묘기 부리듯 물 위로 뛰어오르고, 친구와 껴안고 장난도 쳐요. 장어를 살살 건드려 구멍 밖으로 나오게 하거나, 복어를 콕 찔러 몸을 부풀게 만드는 등 다른 물고기와 놀기도 하고요.

돌고래는 가끔 물건을 도구로 사용하기도 해요. 큰돌고래는 해면*으로 코를 덮은 다음 바다 밑바닥을 파서 먹이를 찾아요. 해면을 이용해 주둥이를 보호하는 거예요. 또 어떤 돌고래는 커다란 조개나 고둥의 껍데기를 물 위로 밀어 올린 다음 흔들어서 그 안에 든 물고기를 꺼낸답니다.

*해면: 바닷속에 사는 동물 중 하나. 겉면에 아주 작은 구멍들이 많고 부드러워서 목욕용 수세미로 만들어 쓰기도 한다.

돌고래의 멋진 묘기

돌고래는 헤엄을 잘 치는 것 말고도 다양한 재주가 있어요. 바닷속 만능 스포츠맨으로 불릴 정도예요.

높이 뛰어오르기
범고래는 주둥이가 수면 위로 12미터나 올라갈 만큼 높이 뛰어오를 수 있어요.

물 위를 걷기
꼬리지느러미로 마치 물 위를 걷는 것처럼 통통 움직일 수 있어요.

공중에서 빙빙 돌기
긴부리돌고래는 물 위로 뛰어오르면서 빙글빙글 돌아요.

몸 구부리기
아마존강돌고래는 목이 무척 유연해서 물속에 뒤엉킨 나뭇가지 사이를 요리조리 피해 가요.

돌고래와 나눈 우정

마자 카자지치는 어렸을 때 전쟁 때문에 심하게 다쳐 다리를 잃은 후로 항상 고통을 느끼며 살았어요. 의족*을 신었지만, 몸에 잘 맞지 않아 움직일 때마다 무척 아팠지요.

마자의 삶은 미국 클리어워터 아쿠아리움에서 돌고래 윈터를 만나며 조금씩 바뀌었어요. 윈터는 새끼 때 게를 잡는 덫에 걸려 꼬리지느러미를 잃은 돌고래였지요. 마자는 꼬리지느러미가 없는 윈터가 자기와 비슷하다고 느꼈어요.

그러던 어느 날 윈터가 첨단 기술이 적용된 인공 꼬리지느러미를 달게 되었어요. 마침내 다른 돌고래처럼 헤엄을 잘 칠 수 있게 된 거죠. 윈터를 본 마자는 자신의 의족도 비슷한 제품으로 바꿔야겠다고 생각했어요. 마자는 곧 윈터의 것과 같은 기술로 만든 새 의족을 받았고, 윈터와 함께 수영할 수 있게 되었답니다.

*의족: 발이 없는 사람에게 인공으로 만들어 붙이는 발.

바다는 돌고래들의 장난감 상자예요. 해초, 물거품, 꿈틀대는 문어 등은 모두 돌고래에게 재미있는 장난감이지요.

잠깐 상식! 돌고래는 냄새를 거의 못 맡거나 아예 맡지 못해요.

나와 닮은 돌고래 찾기

여러분은 어떤 돌고래와 닮았을까요?
아래 퀴즈를 풀면서 알아보아요!

1 배가 무척 고플 때 무얼 먹고 싶나요?
A. 푸짐한 고기
B. 싱싱한 생선
C. 조개나 새우
D. 갓 잡은 오징어

4 어떤 색과 무늬의 옷을 좋아하나요?
A. 검은색과 흰색
B. 회색
C. 분홍색
D. 점박이 무늬

2 나는 어떤 사람과 가장 가깝게 지내나요?
A. 잔소리꾼 엄마
B. 파티를 좋아하는 친구들
C. 온 가족
D. 동네 친구들

5 어떤 운동을 잘하나요?
A. 힘을 많이 쓰는 운동
B. 날쌔고 재빠르게 움직이는 운동
C. 유연한 몸으로 하는 운동
D. 높이뛰기나 서핑

3 내가 살고 싶은 곳은 어디인가요?
A. 바람이 쌩쌩 부는 추운 곳
B. 아무 데나
C. 따뜻한 강이 흐르는 숲속
D. 따뜻한 물을 채운 수영장 근처

잠깐 상식! 돌고래는 바닷물을 마시지 않아요. 대신 먹이를 통해 몸에 필요한 물을 얻어요.

나와 꼭 닮은 돌고래는?

A, B, C, D 중 가장 많이 답한 것을 찾아 나와 닮은 돌고래를 확인해 보세요.

A 범고래를 닮았어요. 힘이 세고 똑똑하지요. 추운 곳에서도 살아남을 수 있어요.

B 큰돌고래를 닮았어요. 재주가 많고 어디서든 잘 적응해요.

C 아마존강돌고래를 닮았어요. 생김새가 독특하고, 다른 돌고래와 달리 강에서 살아요.

D 대서양점박이돌고래를 닮았어요. 재미있는 걸 좋아해서 주변 사람들도 즐거워져요.

51

탐험가가 들려주는 뒷이야기

수중 사진작가는 다양한 돌고래와 함께 바닷속을 헤엄칠 수 있는 멋진 직업이에요.

하지만 돌고래를 사진으로 남기는 건 정말 어려워요. 우선 마스크, 오리발, 스노클 등 준비해야 할 게 많아요. 돌고래에게 다가갈 때는 돌고래가 가려는 길을 가로막지 않아야 하지요. 무엇보다 인내심을 갖고 돌고래를 계속 따라다녀야 한다는 점이 가장 어려워요. 돌고래는 무척 빠르게 헤엄치기 때문에 가끔은 사진 한 장 찍는 것도 힘들답니다. 운이 좋으면 돌고래들이 느긋하게 헤엄치며 서로 의사소통하는 모습을 엿볼 기회도 있지만요.

오른쪽의 사진은 바하마에서 찍었어요. 돌고래의 서식지*와 행동을 연구하는 과학자들과 함께 일하고 있었지요. 돌고래를 깊이 이해하고 더 나은 돌고래 보호법을 알아내기 위해서예요.

나는 바하마에서 배 근처로 다가온 대서양점박이돌고래 무리도 만났어요. 신이 난 나는 얼른 잠수 도구를 챙겨 물속으로 뛰어들었지요. 그러자 대서양점박이돌고래 무리에서 한 마리가 다가와 나를 빤히 쳐다보고는 내 주변을 몇 번이고 빙빙 돌며 헤엄쳤답니다. 마치 즐거운 놀이를 하는 것처럼요! 빙빙 도는 돌고래 때문에 어지러울 정도였지요. 내가 돌고래를 멈추려고 하자 돌고래는 함께 놀 다른 상대를 찾아 떠나 버렸어요. 그날 나는 돌고래가 얼마나 놀이를 좋아하는지 알게 되었답니다!

*서식지: 생물 등이 자리를 잡고 사는 곳.

과학자가 얕은 바다에 잠수해 우아하게 헤엄치는 두 마리의 점박이돌고래를 찍고 있어요.

돌고래와 더불어 사는 법

사람들은 오랫동안 돌고래와 친구가 되고 싶어 했어요.

장난기 많고 똑똑한 돌고래를 싫어할 사람은 별로 없을 거예요. 게다가 생김새도 멋지고 귀엽잖아요? 돌고래의 입꼬리는 위로 올라가 있어서 항상 웃고 있는 것처럼 보이지요.

20년 전까지만 해도 태평양 동부에서는 참치잡이 배들이 돌고래에게 큰 피해를 주고 있었어요. 상황이 심각하다는 걸 느낀 사람들은 참치로 만든 제품을 사지 않는 운동을 벌이고 참치 제품 회사 대표에게 항의 편지를 보냈지요. 덕분에 멸종 위기에 놓인 돌고래를 구하기 위해 '돌고래 보호법'이라고 부르는 규정이 정해졌고, 여러 국가들이 함께 돌고래를 보호하기 위한 연구를 시작했답니다.

이런 노력들은 아주 효과적이었어요. 2009년, 방글라데시의 과학자들이 멸종* 위기에 놓인 이라와디돌고래 6000마리가 살고 있는 곳을 발견했어요. 이 일로 사람들이 노력하면 돌고래를 구할 수 있다는 희망을 갖게 되었지요.

하지만 돌고래를 구하려는 모든 노력이 성공을 거둔 건 아니에요. 2006년, 2000만 년 동안 중국 양쯔강에서 살았던 바이지가 완전히 멸종되고 말았어요. 더욱 심해진 환경 오염과 댐 건설, 마구잡이식 고기잡이 때문이에요. 심지어 커다란 배 아래에 달린 프로펠러*에 치여 죽은 돌고래도 많았답니다.

과학자들과 환경 보호 단체들은 다른 돌고래들이 바이지처럼 멸종되지 않도록 끊임없이 연구하고 있어요. 하지만 아직도 알아내야 할 사실은 많이 남아 있어요. 서로 의사소통하는 방법, 사회적 관계를 쌓아 가는 방법 등 돌고래의 행동 중 알려지지 않은 게 많아요. 기후 변화가 여러 돌고래에게 어떤 영향을 끼치는지도 확실하지 않지요. 돌고래가 환경 오염이나 자연 재해에 어떻게 대처하는지에 대해서도요.

과학자들은 돌고래에 대한 사실을 한 가지 밝혀내면, 그와 관련해서 알아내야 할 것들이 더 많아진다고 말해요. 덕분에 우리는 평생 돌고래에 대한 수수께끼를 푸는 즐거움을 누릴 수 있어요.

*멸종: 생물의 한 종류가 아주 없어짐.
*프로펠러: 모터에 연결된 날개가 회전하면서 공기나 물을 밀어내 배나 비행기가 앞으로 나아가게 하는 장치.

이라와디돌고래는 미얀마의 어부들과 사이좋게 지내고 있어요. 돌고래들은 어부들의 신호를 받으면 물고기 떼를 그물로 몰아넣지요.

큰돌고래 한 마리가 미국 텍사스주 갤버스턴만의 바다에서 뛰어오르는 중이에요. 물은 심하게 오염되어 있어요.

장난기 많은 큰돌고래 한 쌍이 첨벙첨벙 물을 튀기고 있어요.

도전! 돌고래 박사
퀴즈를 풀며 용어를 익혀요

돌고래가 물 위로 머리를 빼꼼 내밀고 있어요.

여러분의 돌고래 지식을 확인할 시간! 다음 용어의 뜻을 잘 읽고 표시된 페이지로 가서 쓰임을 확인하세요. 이어지는 퀴즈까지 맞혔다면, 돌고래 박사로 인정합니다!

1. 무리
사람이나 짐승, 사물 따위가 모여서 뭉쳐 있는 것 (25쪽)

돌고래가 무리를 이루어 사는 이유가 아닌 것은 무엇인가요?
a. 천적으로부터 살아남기 위해서
b. 친구들과 함께 지내기 위해서
c. 짝짓기를 하기 위해서
d. 새끼를 함께 돌보기 위해서

2. 조상
오늘날 살아가는 동물의 친척으로 과거의 동물 (12, 13쪽)

다음 중 돌고래의 조상에 대한 설명으로 틀린 것은 무엇인가요?
a. 다리가 있었다.
b. 풀을 먹었다.
c. 육지에서 살았다.
d. 발굽이 있었다.

3. 분기공
돌고래의 머리 앞쪽에 있는 구멍으로 숨을 쉬기 위해 필요한 것 (17, 19쪽)

돌고래가 분기공으로 숨 쉬는 방법에 대한 설명으로 틀린 것은 무엇인가요?
a. 숨 쉴 때 1초도 걸리지 않는다.
b. 공기가 시속 160킬로미터의 속도로 빠져나간다.
c. 숨 쉬려면 물 위로 올라와야 한다.
d. 자는 동안에는 숨을 참는다.

4. 고래하목
고래와 돌고래가 속한 포유류 (12, 13쪽)

다음 중 고래하목에 속하는 동물은 무엇인가요?
a. 바다사자
b. 범고래
c. 북극곰
d. 청어

5. 수염판
수염고래상과에 속한 고래들이 바닷물에서 먹이를 걸러 먹기 위해 사용하는 기관 (13쪽)

다음 중 수염판이 있는 동물은 무엇인가요?
a. 아마존강돌고래
b. 헥터돌고래
c. 긴수염고래
d. 대서양점박이돌고래

6. 멜론
돌고래의 이마 속에 있는 둥그스름한 지방 덩어리 (16, 19쪽)

돌고래가 멜론으로 조절하는 것은 무엇인가요?
a. 초음파
b. 침
c. 공기
d. 눈물

7. 반향정위
돌고래가 먹잇감의 위치를 알아내려고 초음파를 내보내는 것 (16쪽)

돌고래가 반향정위로 알 수 있는 먹잇감의 정보는 무엇인가요?
a. 크기
b. 색깔
c. 성별
d. 냄새

8. 어류
물속에서 살며, 아가미를 통해 산소를 얻고, 알을 낳는 생물 (11쪽)

다음 중 어류의 특징으로 맞는 것은 무엇인가요?
a. 발굽이 있다.
b. 몸에 털이 난다.
c. 바깥 온도와 관계없이 체온이 일정하다.
d. 비늘이 있다.

9. 포유류
어미 몸에서 나온 젖으로 새끼를 먹여 기르는 동물 (7, 11쪽)

다음 중 포유류가 아닌 것은 무엇인가요?
a. 돌고래
b. 개
c. 상어
d. 사자

10. 천적
잡아먹는 동물을 잡아먹히는 동물에 상대하여 이르는 말 (17, 25쪽)

다음 중 돌고래의 천적은 무엇인가요?
a. 조개
b. 상어
c. 오징어
d. 새우

정답 1-c, 2-b, 3-d, 4-b, 5-c, 6-a, 7-a, 8-d, 9-c, 10-b

찾아보기

ㄱ
가슴지느러미 13, 19
각질 18
강돌고래과 12, 13
거름망 13
고래 12, 13, 29, 34
고래하목 12, 13
고추돌고래 35
공기 7, 11, 17, 19, 28
귀신고래과 13
귓구멍 19
그물 36, 38, 57
긴부리돌고래 48
꼬리지느러미 17, 18, 25, 29, 48, 49

ㄴ
남극 31
낫돌고래 19, 29
녹음기 37
뇌 17
눈 17, 19

ㄷ
대서양 14, 15, 29
대서양점박이돌고래 15, 16, 51, 54
대왕고래 13
대화 7, 26, 27
더스키돌고래 15, 28
돌고래 관찰 투어 36
돌고래 보호법 38, 54
돌고래자리 47
들고양이고래 34
들쇠고래 31
등지느러미 13, 18, 34, 35

ㅁ
마스크 37
마자 카자지치 49
만 15
먹이 12, 13, 16, 19, 22, 28, 29, 40, 48
멜론 16, 19
멸종 56
모래시계돌고래 31, 35
몸짓 27
묘기 40, 46, 48
무리 2, 6, 13, 24, 25
물고기 11, 22, 28, 29, 36, 38, 48
미얀마 57

ㅂ
바닷새 28
바이지 56
반향정위 16
발굽 12
방수 42
백상아리 33
범고래 13, 14, 18, 22, 29, 33, 34, 37, 46, 48, 51
변온 동물 11
보상 40
복어 48
부리 19
부리고래과 12
분기공 11, 17, 19
비늘 11

ㅅ
사냥 16, 18, 22, 28, 29, 34
사회성 15, 46
산호초 15
상어 17, 22, 29, 31
서식지 54
석유 39
쇠돌고래과 12, 13
수염고래상과 12, 13
수염판 13
수중 사진작가 54
수중 카메라 37
스노클 37
스마트 기기 42

ㅇ
아가미 7, 11, 17
아마존강돌고래 10, 14, 15, 25, 35, 48, 51
아쿠아리움 36, 40, 41, 46, 49
알 11
어류 7, 11
어미젖 22
어부 36, 38, 57
연구 25, 36, 37, 40, 46, 54, 56
연어 22, 29
오리발 37, 54
오염 39, 56
외뿔고래과 12
원유 39
유선형 7
육식 동물 28
육아 25
의사소통 41, 42, 54, 56
의족 49
이라와디돌고래 15, 34, 57
이름 12, 26, 43
이빨 1, 11, 13, 19, 25, 30, 38, 40

이빨고래상과 12, 13
인도양 14, 15
인도태평양혹등돌고래 15, 30

ㅈ
잠수 7, 37, 54, 55
잠수복 37
장난감 40, 43, 48, 49
장비 37
장어 29, 48
적도 14
적응 7, 12
점박이돌고래 28, 31
정온 동물 7
제인 구달 36
조개 16, 48
조상 12, 13
조종 19
주둥이 13, 19, 27, 34, 48
지느러미 7, 11, 23
지능 40, 46
지방층 17
진화 12, 13, 17
짝짓기 25

ㅊ
참고래과 13
참돌고래 2, 5
참돌고래과 12, 13
참치 29, 38, 39, 56
참치 캔 39
참치잡이 56
천연가스 39
천적 17, 25
청각 19
체온 7, 11, 17
초음파 16, 19

추적 장치 46
침팬지 36, 40

ㅋ

커머슨돌고래 15, 24
코끼리 40
큰돌고래 1, 6, 9, 18, 21, 26, 29, 30, 37, 39, 45, 46, 48, 51, 57, 59
큰머리돌고래 30, 35

클리메네돌고래 31

ㅌ

태블릿 피시 42
태평양 14, 15, 29, 38, 56
털 11, 17

ㅍ

파키케투스 12

펄돌고래 30
폐 7, 11
포유류 7, 11, 13
피부 11, 17, 18, 19, 35

ㅎ

항해 14, 46
해면 48
해초 48, 49
해초 숲 15

향고래과 13
헥터돌고래 14, 29, 30, 34
환경 오염 39, 56
훈련사 40, 42
휘파람 26, 43
흑범고래 13, 14

사진 저작권

Cover, Craig Tuttle/Corbis; **Back Cover (top, left)**, Stephen Frink Collection/Alamy; **(top, right)**, slowmotiongli/Shutterstock; **(center, left)**, Kevin Schafer/Minden Picture; **2-3**, Doug Perrine/SeaPics.com; **4-5**, Karl Herrmann Winkler/SeaPics.com; **6**, Flip Nicklin/Minden Pictures; **7 (right)**, Jason Tharp; **7 (bottom)**, Joe Stancampiano/NationalGeographicStock.com; **8-9**, Flip Nicklin/Minden Pictures; **10**, Kevin Schafer/Minden Pictures; **11 (top)**, Hiroshi Sato/Shutterstock; **11 (right)**, Fivespots/Shutterstock; **11 (bottom)**, Christian Musal/Shutterstock; **12 (top)**, Tom Middleton/Shutterstock; **12 (left, center)**, Schalke fotografi e/Melissa Schalke/Shutterstock; **12 (right, center)**, Mark Boulton/ardea.com; **12 (bottom, left)**, Peter de Clercq/Alamy; **12 (bottom,right)**, Doug Perrine/SeaPics.com; **13 (top, left)**, Hiroya Minakuchi/Minden Pictures/NationalGeographicStock.com; **13 (top, center)**, George McCallum/SeaPics.com; **13 (left, center)**, Flip Nicklin/Minden Pictures; **13 (bottom, center)**, Tom Murphy/NationalGeographicStock.com; **13 (top, right)**, Kevin Schafer/Minden Pictures; **13 (right, above center)**, Todd Pusser/SeaPics.com; **13 (right, center)**, Joao Quaresma/SeaPics.com; **13 (right, below center)**, Hiroya Minakuchi/Minden Pictures; **13 (bottom, right)**, Barbara Walton/EPA/Corbis; **14 (far left)**, Jason Tharp; **14 (top, left)**, Flip Nicklin/Minden Pictures; **14 (top, right)**, Frank Lane/FLPA/Minden ictures/NationalGeographicStock.com; **14 (bottom, left)**, Todd Pusser/npl/Minden Pictures; **14 (bottom, right)**, Tom Brakefi eld/Photolibrary; **15 (top, left)**, Hiroya Minakuchi/Minden Pictures; **15 (center, left)**, Hiroya Minakuchi/Minden Pictures; **15 (bottom, left)**, Andreas Maecker/Alamy; **15, (top, right)**, Flip Nicklin/Minden Pictures; **15 (center, right)**, Gerard Soury/Peter Arnold Images/Photolibrary; **15 (bottom, right)**, Kelvin Aitken/Visual&Written SL/Alamy; **16-17**, Hiroya Minakuchi/Minden Pictures/NationalGeographicStock.com; **17 (all)**, Masa Ushioda/SeaPics.com; **17 (right)**, M. Watson/ardea.com; **18-19**, Jim Borrowman/All Canada Photos/Corbis; **20-21**, Stephen Frink/Corbis; **22 (top, left)**, Jason Tharp; **22 (bottom, left)**, Ralph Lee Hopkins/NationalGeographicStock.com; **22 (top, right)**, Augusto Leandro Stanzani/ardea.com; **22 (bottom, right)**, Doug Perrine/SeaPics.com; **23**, Augusto Leandro Stanzani/ardea.com; **24**, Doug Perrine/SeaPics.com; **25**, Doug Perrine/SeaPics.com; **26**, Augusto Leandro Stanzani/ardea.com; **27 (top)**, Stephen Frink Collection/Alamy; **27(bottom)**, Photolibrary; **28 (top)**, Flip Nicklin/Minden Pictures; **28 (bottom)**, Brandon Cole Marine Photography/Alamy; **29 (row 1 left)**, cbpix/Shutterstock; **29 (row 1 center)**, saiko3p/iStockphoto; **29 (row 1 right)**, Lunamarina/iStockphoto; **29 (row 2 left)**, Brandon Cole Marine Photography/Alamy; **29 (row 2 center)**, Krasowit/Shutterstock; **29 (row 2 right, above)**, Bartlomiej Stroinski/iStockphoto; **29 (row 2 right, below)**, picturepartners/Shutterstock; **29 (row 3 left)**, Andreas Maecker/Alamy; **29 (row 3 center left)**, Heather L. Jones/Shutterstock; **29 (row 3 center right)**, Liu Jixing/Shutterstock; **29 (row 3 right)**, Jun Mu/Shutterstock; **29 (row 4 left)**, Tom Middleton/Shutterstock; **29 (row 4 center)**, blickwinkel/Alamy; **29 (row 4 right)**, MindStorm/Shutterstock; **30 (top, right)**, Michael S. Nolan/Specialist Stock/Corbis; **30 (center, left)**, Augusto Leandro Stanzani/ardea.com; **30 (center, right)**, Don Hadden/ardea.com; **30 (bottom, left)**, Augusto Leandro Stanzani/ardea.com; **30 (bottom, right)**, Tui De Roy/Minden Pictures/NationalGeographicStock.com; **31 (top, left)**, James D. Watt/SeaPics.com; **31 (top, right)**, Todd Pusser/SeaPics.com; **31 (center, right)**, David Pu'u/Corbis; **31 (bottom, left)**, WaterFrame/Alamy; **31 (bottom, right)**, David Tipling/Alamy; **32-33**, Tory Kallman/National Geographic My Shot; **34**, Larry Foster/NationalGeographicStock.com; **35 (right, above)**, tubeceo/Shutterstock; **35 (right, bottom)**, Florian Graner/SeaPics.com; **36 (left)**, Justyna Furmanczyk Gibaszek/Shutterstock; **36 (right)**, Flip Nicklin/Minden Pictures; **37**, Jeff Rotman/Photodisc/Getty Images; **38**, Miguel Rojo/AFP/Getty Images; **39 (left)**, Stocktrek Images/The Agency Collection/Getty Images; **39 (top, right)**, Erik S. Lesser/EPA/Corbis; **39 (center, right)**, Scott J. Ferrell/Getty Images; **40 (all)**, J.W. Alker/Imagebroker/Alamy; **41**, Lars Christensen/Shutterstock; **42 (top)**, Orhan Cam/Shutterstock; **42 (bottom)**, Jack Kassewitz/SpeakDolphin.com; **43 (top, left)**, Specialist Stock/Corbis; **43 (center, left)**, ShenXin/Pixabay; **43 (top, right)**, Croisy/Shutterstock; **43 (center, right)**, Image Source/iStockphoto; **43 (bottom, left)**, oliveromg/Shutterstock; **43 (bottom, center left)**, Visuals Unlimited, Inc./Louise Murray/Getty Images; **43 (bottom, center right)**, Shawn Pecor/Shutterstock; **43 (bottom, right)**, Kevin Schafer/Alamy; **44-45**, Christian Musat/Shutterstock; **46 (left)**, PH1 Brien Aho/U.S. Navy Photo; **46 (center)**, Inger Hogstrom/Danita Delimont/Alamy; **46 (right)**, Warner Bros/The Kobal Collection; **47 (top, left)**, MGM-TV/The Kobal Collection; **47 (top, left, background)**, Shaun Lowe/iStockphoto; **47 (center, left)**, Heritage Images/Corbis; **47 (center, top)**, De Agostini/Getty Images; **47 (center, bottom)**, Inger Hogstrom/Danita Delimont/Alamy; **47 (bottom, left)**, Eckhard Slawik/Photo Researchers, Inc.; **47 (right, top, and center)**, Annette Kiesow; **47 (right, bottom)**, Alberto Sebastiani/Shutterstock; **48 (bottom)**, Flip Nicklin/Minden Pictures; **48 (bottom, center left)**, Masa Ushioda/SeaPics.com; **48 (bottom, center right)**, Konrad Wothe/Minden Pictures/NationalGeographicStock.com; **48 (bottom,right)**, Kevin Schafer/NationalGeographicStock.com; **48 (top, right)**, Jeff Rotman/Alamy; **49 (center)**, Augusto Leandro Stanzani/ardea.com; **49 (bottom, center)**, Norbert Wu/Minden Pictures/NationalGeographicStock.com; **49 (top, right)**, Ron Haviv/VII/Corbis; **49 (bottom, right)**, Digital Beach Media/Rex/Rex USA; **50 (top)**, Tom Brakefi eld/Photolibrary; **50 (bottom)**, Peter Arnold Images/Photolibrary; **51 (top)**, Thomas Mangelsen/Minden Pictures/NationalGeographicStock.com; **51 (bottom)**, Kevin Schafer/Minden Pictures; **52 (top)**, Louis K. Meisel Gallery, Inc./Corbis; **52 (bottom, left)**, Charlie Bonallack/Alamy; **52 (bottom, right)**, HP Canada/Alamy; **53 (top, left)**, Doug Houghton/Alamy; **53 (bottom, left)**, Steve Allen/The Image Bank/Getty Images; **53 (right)**, Erik Isakson/Blend Images/Getty Images; **55**, Flip Nicklin/Minden Pictures; **56**, Flip Nicklin/Minden Pictures; **57**, Oxford Scientifi c/Photolibrary; **58-59**, Craig Tuttle/Corbis; **60**, Halyna Parinova/Shutterstock; **63**, Heritage Images/Corbis.

지은이 엘리자베스 카니

미국 뉴욕 대학교에서 생물학 저널리즘을 공부하였으며, 요즘은 주로 어린이 논픽션을 쓰며 지낸다. 2005년 카블리 과학 저널리즘 어워즈(Kavli Science Journalism Awards) 어린이 과학 논픽션 부문에 선정되었고, 2008~2010년 전국과학교원협회 선정 우수과학 거래서에 뽑혔다. 지은 책으로 『내셔널지오그래픽 키즈 빅북: 세계』, 『앵그리버드 신나는 놀이터 세계 여행』 등이 있다.

지은이 플립 니클린

내셔널지오그래픽의 수중 사진작가이자 해양 생물학자로, 최고의 고래 전문 사진가로 꼽힌다. 40년 넘게 전 세계 바다에서 해양 포유류의 생태를 기록해 왔으며, 북아메리카 자연 사진 협회(American Nature Photography Association)가 선정한 올해의 자연 사진작가에 선정되었다.

옮긴이 김아림

서울대학교에서 생물학을 공부하고 같은 대학원 과학사 및 과학철학 협동 과정에서 석사 학위를 받았다. 과학을 넓은 관점에서 통합적으로 바라보는 일에 관심이 있어서 출판사에서 과학책을 만들다가 지금은 출판 기획자 및 전문 번역가로 활동 중이다. 옮긴 책으로는 자연 다큐 백과 시리즈 『수리와 올빼미』, 『육식 동물』, 『내셔널지오그래픽 키즈 사이언스 2022』, 『베아트릭스 포터의 정원』, 『세포』, 『고래』, 『세상의 모든 딱정벌레』, 『자연의 농담』, 『쓸모없는 지식의 쓸모』, 『팬데믹 시대를 살아갈 10대, 어떻게 할까?』 등이 있다.
이메일: thaiqool@gmail.com

감수 손호선

해양생물학을 전공했다. 2006년 한국 최초 고래 연구로 박사 학위를 받았다. 국제포경위원회(International Whaling Commission), 멸종위기에 처한 야생동식물의 국제거래에 관한 협약(CITES), 남극해양생물자원보존위원회(CCAMLR) 등에 한국 대표로 참석하며 생물 다양성 보존 활동을 했다. 지은 책으로 『혹등고래와 머나먼 바다 여행』, 『한반도 연안 고래류』 등이 있으며, 감수한 책으로 『바다로 돌아간 돌고래』, 「나는 알아요!」 시리즈의 『돌고래』, 『고래』가 있다.

1판 1쇄 찍음 - 2022년 8월 8일, 1판 1쇄 펴냄 - 2022년 8월 19일
지은이 엘리자베스 카니, 플립 니클린 **옮긴이** 김아림 **감수** 손호선 **펴낸이** 박상희 **편집장** 전지선 **편집** 오혜환, 이혜진 **디자인** 천지연, 신현수, 시다현
펴낸곳 (주)비룡소 **출판등록** 1994. 3. 17.(제16-849호) **주소** 06027 서울시 강남구 도산대로1길 62 강남출판문화센터 4층 **홈페이지** www.bir.co.kr
전화 영업 02)515-2000 팩스 02)515-2007 편집 02)3443-4318,9 **제품명** 어린이용 각양장 도서 **제조자명** (주)비룡소 **제조국명** 대한민국 **사용연령** 3세 이상

NATIONAL GEOGRAPHIC KIDS EVERYTHING : DOLPHINS
Copyright © 2012 National Geographic Partners, LLC.
Korean Edition Copyright © 2022 National Geographic Partners, LLC.
All rights reserved.
NATIONAL GEOGRAPHIC and Yellow Border Design are trademarks of the National Geographic Society, used under license.
이 책의 한국어판 저작권은 National Geographic Partners, LLC.에 있으며, (주)비룡소에서 번역하여 출간하였습니다.
저작권법에 의해 한국 내에서 보호를 받는 저작물이므로 무단 전재와 무단 복제를 금합니다.
ISBN 978-89-491-3225-9 74400 / ISBN 978-89-491-3210-5 (세트)